Atrapar
el Silencio

MILAGROS CEDEÑO

El diseño y diagramación de este poemario ha sido posible por el generoso auspicio del Centro Cívico Cultural Dominicano; Centro Creativo Experimental Inarú, Dra. Marilú Galván, Dr. Manuel Acevedo, Lisandra Ramos, Bala Soto, Mercedes A. Villamán y Omar Hidalgo.

¡Gracias!

Título: Atrapar el Silencio

Autor: Milagros Cedeño

Edición: Mercedes A. Villamán y Maitreyi Villamán Matos

Diseño y Diagramación: Gerardo Germán

Correo electrónico: gagm52@gmail.com

© La Maga Press, New York, NY 2016
Facebook/La Maga Press – lamagapress@gmail.com

ISBN - 13: 978-0692667026

Publicado en USA

Para mi hijo del alma,
Jonathan A. Cedeño Madera.

ÍNDICE

"Una mujer con imaginación es una mujer que no solo sabe proyectar la vida de una familia y la de una sociedad, sino también el futuro de un milenio".

Rigoberta Menchú.

A MANERA DE INTRODUCCIÓN

Honrar la memoria de Milagros Cedeño, Milly, como la llamá–bamos cariñosamente, es honrar a la típica emigrante que no solo viene a buscar progreso, sino que contribuye con su esfuerzo, amor y devoción al progreso de todos los demás.

Oriunda de la República Dominicana, Milagros llega a los Estados Unidos en el 1986 y cierra sus ojos repentinamente para siempre, el 12 de agosto de 2009. Durante ese tiempo, cursó sus estudios de Psicología en Mercy College, cultivó su inclinación por las artes y se destacó como poeta, actriz y empresaria. Estudió teatro en el Teatro Thalía, y en Danisarte, también con Theodoris Castellanos y Maitreyi Villamán Matos.

En 2009, participó activamente en Los Monólogos de la Vagina en Washington Heights, dirigida por Yolanny Rodríguez y se destacó como Bruja en Macbeth de E3Aoutlaw Productions.

Su amor por las artes no le impedía dedicarse sin descanso como activista comunitaria en pro de los derechos de la mujer, destacándose como exponente de la prevención de la violencia doméstica en sus escritos. En sus esfuerzos de fomentar alternativas para eliminar la violencia doméstica, se une a organizaciones como el Club de Leones, Asociación de Mujeres Progresistas, y el Centro Cívico Cultural Dominicano, mediante los cuales organizó eventos para crear consciencia sobre la violencia doméstica.

El Centro Cívico Cultural Dominicano organizó un memorial el lunes 19 de agosto, para celebrar la persona artística de Milly. Ese día sus familiares, amigas y amigos leímos sus poemas y el Dr. Carlos Manuel Rivera leyó por primera vez su ya famoso ensayo "Prólogo a Los poemas de Milagros Cedeño", los cuales compartimos en este libro.

Prólogo a "Los poemas de Milagros Cedeño"

Integrar a los archivos de la cultura, una radiografía de un quehacer femenino antillano, que de papeles, pulsa y retiene cuantos de dinamismo, es un viaje a la iluminación, al descenso de un aquí, un ahora y un más allá en los inicio de nuestro milenio. Es un estoy y permanezco, pero mientras más me detengo en ese "que se yo", no debo registrar ni paralizarme en aquellas voces alfabéticas que exigen esos diccionarios literarios elitistas, llenos de exclusiones, vacíos y silencios.

Así, los poemas de Milagros Cedeño exhuman un andamiaje por ese macro y micro que en correspondencia cósmica también exudan ese élam de la existencia, del drama y de la lírica. Es como penetrar por los huesos de una escritura que en bagaje escatológico, exigen de osarios, aquellas osamentas que como parto, reclaman un espacio macandálico femenino.

Es como concebir aquellos trazos genealógicos que viajan desde las mujeres de Martininó, como apuntaba Fray Ramón Pané desde su escritura etnográfica, hasta arribar por la poesía sorjuanística como punto de partida. Es como percibir el legado continental e insular de: Delmira Agostini, Juana de Ibarbourou, Alfonsina Storni, Gabriela Mistral, Julia de Burgos, pasando por sus compatriotas Carmen Natalia Martínez y Aida Cartagena, y sin olvidar al tronco inamovible de nuestra madre dominicana, Salomé Ureña.

Es como una activación conglomerada de esa sinergia que Gea concede a la Confederación Antillana y Latinoamericana en conversión panlantina, desbordando imaginarios que la cultura reinventa antes que el culto mariano se entronizara como espejo de perfecta casada. Es decir, es la antesala ante una variada representación de proyeccio-

11

nes transgresivas, de la cual entendemos que la escritura femenina no intenta empoderar, sino responder ante un horizonte de enérgica contingencia que la categorización binaria patriarcal busca hegemonizar y ocultar como antinomia.

Demás está decir que en el Caribe el hispanismo tomó su radio a través de transculturaciones, mestizajes, mulatajes, hibridaciones y sincretismos; sin embargo, el avasallante arielismo ha coqueteado sin rendirse ante una Ciudad letrada,como una constante ceguera ante aquella metamorfosis alquímica que el indio Guahayona imprimió por inspiración y acción femeninas en Las Antillas, según lo que le contaron al fraile jerónimo. De esta forma, dentro de ese violante universal, como Lope de Vega en su archiconocido soneto, se retan aquellas fronteras que como mímica anacaoniana y no calco europeizante pare de entrañas, símbolos, imaginarios y experiencias ante la heterogeneidad de sujetos femeninos que viven en América.

De esta parte que estos poemas en vías de edición exijan una difusión de sus dispositivos para revelarnos aquella encomienda que pide la ruptura del silencio a aquellas voces que desde el margen y desde la violencia epistémica por sus inclinaciones disidentes al androcentrismo occidental han sido detenidas. Así esta poesía como una Medea que por derecho propio no asesinó a sus criaturas, sino se enfrentó al sistema para exigir desde su hado mutable los derechos de libertad que no se sujetan a las leyes del patriarcado y a la división binaria y jerarquizante de los géneros.

Es una invitación como lectores/escuchas a una poesía como simiente cultural hispano que establece que ser mujer no representa la sumisión ni la esclavitud al discurso falogocéntrico, sino como guerrera y como fecundadora en la tierra por Decreto Divino, demanda que se recreen de una creatividad multitemática, como pacto con El Creador, que se manifiesta en tópicos que van desde la muerte, la maternidad, la orfandad, el desengaño, el adulterio, hasta la violencia doméstica. Por lo tanto, como ejemplificaciones denunciantes ante el discrimen y la barbarie políticas de nuestra condición social planetaria, los poemas de Milagros Cedeño son un llamado a la redención, a la conciencia de vivir y aspirar a una mejor calidad de vida frente a las rocas que la vida nos impone, siendo este mundo, uno de bienestar para todos, aún con nuestras diferencias.

Carlos Manuel Rivera, Ph. D.
Catedrático de Español Bronx Community College, CUNY.

PARA TI, MAMÁ

Para mi madre, María Monción, con todo mi amor desde New York.

El sonido de las olas me acercan a tu recuerdo
y al igual que un pequeñito con sus piececitos tersos
voy escribiendo estos versos que tu hija te dirá
solo para ti...mamá.

Es tan grande el océano pero ni su inmensidad
puede igualar tanto amor puro y verdadero
solo para ti...mamá.

Las noches se me hacen largas porque a fuerza de tu ausencia
se me ha quedado dormida tu canción en mi inconsciencia
y hoy mi voz la cantará solo para ti...mamá.

Este país tan frio, no ha logrado endurecerme
porque sigue estremecido un corazón que te quiere,
y cada palpitar que da lo hace para ti...mamá.

PENSANDO EN TI

Para mi madre querida, María Monción con todo mi amor

Hoy estoy pensando en ti y me acomodo en mi letargo
y me viene a la memoria esa carita arrugada
llena de amor y de historia.
Esa voz tan queda que tantas veces me ha hablado
ese grisáceo del pelo y esos ojos tan ajados
que confirman la experiencia de unos años abnegados.
Eres…no sé, como las aves, como el espacio
que sabes guardar silencio cuando oscurece la luna.
Se expande el pensamiento y te veo grandiosa,
tan grandiosa como el cielo y me haces volver a ti
y me meces en tu pecho.

Tus regaños, tus consejos y esa dura disciplina
que me llevó de la mano son las cosas más valiosas
que a mi vida le ha pasado.

Dios, ¡qué regalo tan perfecto!
La pusiste en mi destino sin tapujos…. sin tropiezos.
Madre, tú eres el amor ese que no tiene precio
tan cálido y tan profundo parecido al Universo.

Mi pensamiento ha volado y he logrado ver pasajes
de tu vida en el pasado tan bella como una flor
como el mar, como una estrella
y esa misma calidez de tu mirada serena.

Hasta tu enojo lo amo cuando te dan tus rabietas
pues conservas la dulzura de una madrecita tierna.

Gracias Diosito querido por tu bondad tan suprema
por conservarla conmigo después de ser luna nueva.

Y me doy por satisfecha porque entre todas me diste,
la más hermosa, la más dulce y la más buena.

CASTIGO

Eran unos tiempos muy duros,
aquellos en que mi madre
por cualquier razón me pegaba.

Aún recuerdo cuán violenta era
me hincaba en un guayo en el sol.

Qué manera de violencia, cruel, villana.

Llegué a pensar que la odiaba,
pero no; no era así.

Al paso del tiempo me di cuenta
era la manera que ella tenía
la única que sabía para disciplinar,
la única que ella aprendió
como no sabía otra,
esa era la que utilizaba.

Sólo era una pobre mujer
no sabía otra forma de demostrar su amor.

MAMÁ

Mamá, hoy me desperté llorando
porque te soñé perdida
entonces comencé a buscarte
sollozando y confundida.

Hoy me desperté llorando
y te busqué desesperada
caminando como loca,
abriendo puertas y puertas,
impotente y temerosa.

Mamá, te soñé perdida,
y con alma destrozada
salí corriendo a buscarte
y me enfrenté al dolor
de no poder encontrarte.

Tuve la ilusión de verte
por esas calles desiertas,
y en ellas sólo encontré
más preguntas que respuestas.

En mi desesperación
creí haberte encontrado
y vi tus brazos abiertos
esperándome a tu lado.

Pero cuando me acerqué
despacito y en silencio
tan solo abracé las hojas
esparcidas en el viento.

Entonces te llamé a gritos,
mamá, ¿dónde te escondes?
¿No ves que te estoy buscando?
y tú ¿por qué no respondes?

Mamá te soñé perdida,
contemplando el cielo,
le pregunté a las estrellas
díganme si es que la han visto,
merodeando en esos predios.

Ya cansada de buscarte
sintiéndome desvalida
me senté a pensar en ti
y al no poder encontrarte
entonces fue que entendí,
que no había sido un sueño
era que te habías marchado
dejándome sin consuelo.

A partir de ese momento
ya paré de buscarte
y me dediqué a esperar
que Dios nos vuelva a juntar
para unidas en el cielo
volvernos de nuevo a amar.
Mamá, te quiero.

Tu hija, Milagros Cedeño

QUIERO QUE SEPAS MAMÁ

Te quiero mamá, en el primer aniversario de tu triste partida.

Antes que se diluya tu recuerdo en mi memoria
mi caminar sea lento y mis canas no me dejen ya pensar,
quiero que sepas mamá al marcharte me dejaste
dentro de un abismo inmenso sumergida en soledad.

Antes que la luz de mis ojos deje de tener destellos
mi voz se apague y mi corazón ya no vuelva a palpitar,
quiero que sepas mamá nunca hubo una mirada
que no estuviera impregnada de una ternura sin par.

Antes que pasen los años y no te vuelva a soñar
ya no sepa ni tu nombre pronunciar,
quiero que sepas mamá fuiste mi buen ejemplo
y mi inspiración de amar.

Antes de que llegue la inconsciencia
y ya no vuelva a despertar,
quiero que sepas mamá
que quiero encontrarme contigo,
de nuevo en la eternidad.

¡ELLA NO ESTÁ MUERTA!

¡Tu hija que no te olvida! en el segundo aniversario de tu partida.

Ella no está muerta solo está dormida
porque está cansada es que está muy vieja
y le duele el cuerpo un brazo, una pierna
pero no está muerta.

Ella está cansada, angustiada pero jamás muerta
y cierro mis ojos y me la imagino, parada en la puerta.

Ella no está muerta
¿por qué habría de estarlo?
si cuando marché la dejé cantando
luego regresé, y la encontré acostada
pero ella no está muerta, solo está cansada.

Ella no está muerta. Está adormecida,
viendo que no estaba, que yo no volvía
se acostó en la cama y cerró sus ojos
pero no está muerta solo está dormida.

Mi vieja querida tanto que esperaste
a que yo volviera, para bendecirme
para que te viera, antes que te fueras
pero te quedaste, tan sola en tu espera,
y no hubo manera que yo allí estuviera,
y me imaginé tus brazos abiertos,
queriéndome dar el último beso.

Madre abre los ojos dame una mirada
mira aquí estoy yo tu hija adorada
no he perdido tiempo desde que escuché
que estás acostada estoy a tu lado
triste y desvelada, pero no estás muerta,
¡solo estás cansada!

Ella no está muerta. Solo está dormida
y se ve tan linda como ave en el campo vestida de blanco
¡Ella no está muerta! Solo está cansada,
déjenla dormir déjenla acostada.

¡Ella no está muerta! Ella está dormida,
sssshhhhh….no la despierten.
Descansa viejita querida.

MI PEQUEÑO JONATHAN

Para mi hijo querido John, de su madre que lo ama.

Aquellos ojitos negros y esa mirada perdida,
aquel clavel que se abrió y de donde broto
tanta ternura dormida, mi pequeño
mi pequeño querido de inocencia florecido.

Aquella, esa confusión de que si en verdad
venias que luego se hizo canción al pasar
las nueve lunas y latir un corazón, mi pequeño
mi pequeño querido de inocencia florecido.

Caracoles de mares, arena de fiel riachuelo
que comparado contigo no te llegan ni hasta el suelo,
eres universo con la inmensidad del cielo, mi pequeño querido
mi pequeño querido de inocencia florecido.

Aquella flor nació con pétalos encendidos
aquel amor creció con un diamante prendido
este corazón grita, se estremece, palpita para decirte,
eres mi rey y mi sueño convertido en realidad, mi pequeño,
mi pequeño querido de inocencia florecido.

MI JONATHAN

Para mi hijo Jonathan Cedeño, con todo mi amor.

Hijo, la sabiduría de un ser extraño te trajo hasta aquí
¿Dónde estabas? ¿Por dónde andabas, antes de venir a mí?
¿O fue un empujón del destino que te trajo a mi camino?

Te quiero tanto capullo mío
y el amor se me acrecienta con cada gesto tuyo
tu picara mirada y tu sonrisa infantil
que no la cambio por nada.

Mi Jonathan, aun te recuerdo pequeño
con el hambre en las pupilas
y aquella piel tan sencilla,
cuando en mis brazos temblaba
y mi voz te susurraba ¡qué cosa bella... la vida!

Querido mío, cuán maravillosa es la Naturaleza
haberme escogido entre todas, todas
para darme un hijo con tanta belleza.

Me siento orgullosa Jonathan querido
mi amor está inflado de tanto cariño,
como te recuerdo querido capullo
dándote mi pecho, mi amor, mi terruño.

Me siento sensible ante tu inocencia
por eso me expreso con tanta vehemencia
¡Oh! como quisiera mi niño querido
formar un futuro feliz en tu destino.

Dios, a ti te elevo mi agradecimiento
por haberme dado algo puro y cierto,
gracias a la vida y a ti hijo hermoso
que me hacen sentir pasmada de gozo.

TAN LEJOS DE TI PEQUEÑO

Para mi hijo Jonathan, con todo mi amor.

La distancia es más distancia, cuando te recuerdo
y la soledad duele más, porque me haces falta, pequeño.

Las horas se me aletargan y observo la lejanía
aparece tu mirada, acentuándose en la mía.

Las lagrimas amenazantes, están prestas a brotar
hay algo que me grita más allá del horizonte
hay un niño que dormita.

Tu vocecita chiquita tu carita angelical,
esa expresión tan tierna que me duele recordar.

Hay un mar y mucha arena que me separan de ti
es tan dura mi condena, porque no te tengo aquí.

Son la noche y el silencio cómplices de mi esperanza,
me dicen en un sueño, que muy pronto no estaré
tan lejos de ti, pequeño.

ERES

Para mi hijo del alma, Jonathan A. Cedeño Madera.

Valió la pena tenerte y pasar por la aventura
que produce la ternura de abrazarte y de quererte.

Valió la pena el dolor y pasar las nueve lunas
las náuseas y los martirios que te trajeron conmigo
inocente y desvalido.

Diez y seis años y me parece mentira
estar recibiendo el fruto por haberte dado vida.

Eres fuerte como una roca, parecido a un monumento
y me siento tan feliz porque llegaste hasta mí en el preciso
momento.

Eres como los sabios que amparados por la ciencia
van repartiendo experiencia con la respuesta en los labios.

Eres mi única carta a la cual voy a todas
y abrazada con el triunfo voy aplaudiendo tu obra
que va inflando mi pecho de satisfacción y de honra.

Eres inteligente y sencillo y capaz de ser honesto tratándose de cariño.

Eres como el ganador con el paso apresurado mirando de lado a lado
siempre con la mente puesta de llegar hasta la meta.

Eres mi realización y me siento bien pagada
porque llenaste las perspectivas que esperaba de la vida.

Tú mi mejor jugada, la cual apuesto a ganar
eres mi hijo ejemplar y me estremezco de orgullo
porque a cada paso tuyo veo mi sueño real.

Hoy, a tus diez y seis estoy de veras convencida
que eres el mejor regalo porque un hijo como tú
se lleva en el corazón.

PRINCESITA INEXISTENTE

Princesita inexistente
que Dios no me ha regalado
la cual busco aquí en mi mente
para traerla a mi lado.

Princesita no viniste
aunque me quedé a esperarte
mira cómo están mis ojos
desangrados de llorarte.

Te imagino diminuta
con tu cuerpecito blando
amándote como nunca,
pero vuelvo a despertar
y comprendo tristemente
que solo estás en mi mente.

Mí adorada, mi tesoro
que te quedaste esperando
entre mi amor y mi antojo.

Me llegó el desespero
por no poder concebirte
la frustración rasgando
mis entrañas calando
lentamente la penumbra
rebuscando mi adormecido vientre.

Estoy aquí sumergida en el fracaso
reprochándole a un ayer
que no te trajo a mis brazos.

Te me quedaste pasmada
como avecilla inocente
te convertiste en pasado
sin haber sido presente
Princesita inexistente.

AMIGA

Tengo una amiga predilecta
es muy compasiva
su cualidad mayor es la lealtad.

Me lo demostró cuando su hijo me sustrajo un dinero
A pesar de ser su hijo ella me lo confesó.

TE QUIERO

Te quiero, te quiero mucho es como querer volar,
atrapar el silencio y gritar a mil voces que te llevo en el pecho.
La alegría de vivir me llegó desde el cielo como un regalo divino
cuando me gritaste te quiero.
Desde entonces, vida mía; he vivido para amarte
y cada minuto del día lo consumo en adorarte
no quisiera vivir si tuviera que olvidarte.
Te quiero, te quiero mucho,
eres lo que esperé, hoy me embarga la alegría
y por siempre estaré enamorada de ti.

"Porque hay una historia que no está en la historia y que sólo se puede rescatar escuchando el susurro de las mujeres".

Rosa Montero

SI ESTE MUNDO SE ACABARA

Si mañana amaneciera, y al abrir los ojos,
a mi lado no estuvieras, cuán grande seria
mi arrepentimiento por no haberte dicho,
cuanto te quiero.

Si pudiera imaginar que por causa de la muerte
tú te fueras de mi lado te daría los abrazos,
las caricias y los besos, que hasta ahora no te he dado.

Si la muerte provocara que yo no te vuelva a ver
abriría las ventanas más profundas de mi alma
para que puedas volver.

Si yo supiera que tú has de faltarme mañana
porque así Dios lo quisiera, borraría todo el rencor
que llevo en mi corazón y mucho más amor te diera.

Si la muerte en su poder hoy decide antojadiza
que haz de irte y no volver, a tus pies pondría un manojo
de millones de azucenas y te bajaría la luna, con el sol, y las estrellas.

Si yo supiera que pronto el mundo se va acabar
y que queda poco tiempo para que a mi ser querido
le pueda comunicar los sentimientos más bellos
no le he podido dar.

Yo sería la primera que no perdería un minuto
en recuperar el tiempo que perdimos como tontos
en peleas y en insultos.

Si en realidad yo supiera que ya no nos queda tiempo
y que este es el momento en el que puedo juzgarte
y tomar la decisión de que te amara o no amarte
olvidaría tus defectos y lo amargo del trayecto
entre odiarte y perdonarte.

Antes que el mundo acabara yo me quedaría contigo
hasta el final del camino si no se acabara el mundo
o si el mundo se acabara.

APRENDÍ A QUERERTE EN SILENCIO

Aprendí a quererte en silencio
cuando pasan las horas y se escapa la calma
cuando el cielo oscurece en presagio de alarma.

Entonces te busco en la brisa, en las cosas
en el niño dormido, en sus sueños de rosa.

Aprendí a quererte en silencio
cuando salgo a la calle y me encuentro con alguien
cuando tocan el timbre y en la puerta no hay nadie.

Y entonces te busco en mis sueños perdidos
en mis viajes de aventura, en el traje blanco
en mi suerte tan oscura.

Aprendí a quererte en silencio
cuando oigo la lluvia, cuando salgo de casa
cuando lloro de pronto y pregunto ¿qué pasa?

Y entonces te busco en el hijo perdido, en el mar...en el viento
en nuestra costumbre de caminar por el tiempo.

Aprendí a quererte en silencio
cuando el viento pasa, cuando no es de día,
cuando las mañanas me parecen frías
cuando recibo las cartas y me llegan vacías.

Y entonces te busco en el pelo negro del niño sonriendo
en la inocencia, en la picardía,
en el sueño eterno del jazmín muriendo
en la madrugada…en la vida mía
aprendí a quererte en silencio.

QUE LLUEVA

Que llueva, que llueva mucho y así quizás la lluvia
se lleve tu recuerdo, el recuerdo maldito de tu amor
que fue un juego y las horas perdidas mendigándote un beso.

Así como va cayendo la lluvia desde el cielo,
voy enterrando tu amor aquí en el suelo
como la aurora se lleva su frescura,
va el agua borrando mi amargura.

Que llueva, porque al llover mis lágrimas
van perdiendo el sabor amargo que produce el dolor.

Quisiera que parara la lluvia y no lloviera más
quizás seria el final de mi angustia y mi mal
pero estaría pendiente por si vuelve a llover,
pedirle a mi amiga lluvia que te volviera a traer,
aunque del mismo modo te volviera a perder.

SI ESTUVIERAS CONMIGO

Si estuvieras conmigo
me habría ahorrado el desvelo de las noches eternas
susurrando te quiero amor
que te marchaste cabalgando en silencio
sin dejar a tu paso, ni una huella ni un beso.

Si estuvieras conmigo como estás en mis sueños
cuanto amor te daría sin temor, sin recelos.
En las noches a oscuras al recuerdo me entrego
 el pasado me grita, fracasaste en tu empeño
lo dejaste marchar lentamente en silencio
hoy te quedas sin luna, sin sol y sin cielo.

Si estuvieras conmigo amor
que me dejaste recorriendo el infierno
sin poder olvidarte, volverías a mi lado
implorando quedarte porque amor
como el mío solo Dios podría darte.

TÚ EN TRES TIEMPOS

Así como la sombra del atardecer nos cobija
entre sus brazos, así añoro la cercanía de tu presencia
igual que ayer, igual que siempre.

El mañana me llegó ayer, muy despacito, casi como
una caricia en el atardecer de mi inocencia
mis sueños, aquellos, los remotos, los que deje escapar,
los que pasaron como en secuencia
a través de mi letargo, pasmados y vacios.

Ya es tarde, como un reflejo está allí
en el espejo la dejadez de mi mirada lo absurdo de mi existencia
se retracta y quiere justificarse pero, ¿Y el llanto? ¿Y el tiempo?
¿Y las perspectivas perdidas? ¿Y las partidas sin regreso? ¿Y tú?

Las ansias se marcharon contigo y sin ti regresaron solas,
sin rumbo y el tiempo siguió pasando, inflexible, pasivo
con lágrimas sin llorar, con preguntas sin respuestas.

Y llegó el hoy y todavía te recuerdo,
al ver mis canas mis arrugas, lo ajado de mi cuerpo
y sobre todo, al ver ese amor cuajado
que aún perdura en el perfil de mi esperanza.

Tú y mis recuerdos, dos verbos conjugados en un mismo tiempo,
el pasado de mi dicha y mi ilusión y el ayer
nostalgia retorcida en las entrañas de mi amarga soledad
mueca de sonrisa en el desencajado rostro del tiempo
pasaron los años como siglos,
y me quedé extasiada como dormida en brazos del desespero
esperando un ayer que se convirtió en mañana
esperando un amor que se convirtió en reproche,
esperándote a ti que te volviste fantasma…
y me arrastras al suplicio de tenerme encarcelada entre
el hoy, el ayer y el mañana.

SE HA PERDIDO LA CALMA

No hay luz, todo es sombra
y los recuerdos se deslizan lentamente por mi mente.

Como una loca voy buscando en el pasado aliento
y me aferro a ti como a una roca,
pero te alejas como un sueño breve, sin piedad.

Viene el llanto, solidario amigo de mis ojos,
quiere lavar la mancha que ha dejado tu recuerdo
y como un sabio me dice que lo que comienza, termina.

Se ha perdido la calma, las horas siguen pasando
inalterables, pasivas y en su trascurrir me gritan,
quien más ama, más llora y más tiene que olvidar.

Allá en la lejanía se ve un punto, está lloviendo llanto
la ilusión se quedó atrás, muy atrás como en un sueño
ha estallado un pecho de dolor y se ha muerto un amor
encadenado a un recuerdo, aferrado a la distancia
donde quedó aquel punto…donde quedaste tú.

AQUEL A QUIEN TANTO AMÉ

Ese hombre se esconde en el silencio, no se nombre
no se mira, permanece bajo los escombros del pasado
pasado que duele, que lastima, ese que callo,
se quedó dormido en los brazos del olvido.

Se desvaneció en el llanto, quedó adormecido
en medio de la pena y el hastío
ese hombre me dejó perdida,
navegando en las aguas turbias de la desesperación
sin bahía, sin amor.

Quisiera volver a verte amor
te quedaste sumergido en mis recuerdos
quisiera volver atrás y deslizarme en el tiempo
y recuperar los te quiero que quedaron en el viento.

Aún recuerdo el día que te volviste fantasma
y te llevaste contigo todos mis sueños de infancia.

Aquél a quien tanto amé y todavía tanto amo
le fabriqué los caminos que conducen a mi alma,
y le mostré los destellos que iluminan mi esperanza
aquél, a quien tanto amé.

PORQUE NO LA AMABA

Ella era muy buena pero él no la amaba
él no la quería tan solo lujuria sentía
y ella si lo amaba, lo amaba con calma
¡y con toda el alma!

Ella era muy buena, era toda un ángel
y cuánto sufría cuando por las noches
presa de espera pasaban las horas
y él no aparecía, él no la quería.

A ella le dolía cómo la trataba
por cualquier motivo él se violentaba,
siempre le pegaba porque no la amaba.

Por más que quería no lo comprendía,
¿Cuál era su falta? si él se lo exigía
Ella se callaba, palabra no hablaba
Para que él la amara, pero no la amaba.

Ella era muy buena, de buena era mala
cuando se angustiaba porque por las noches
él no la tocaba y no le exigía
Porque lo quería.

Y ella meditaba pocas de las veces
que él estaba en calma y no la insultaba.
Ella meditaba: que si se iba,que si se quedaba
Pero ella lo amaba

Ella era muy buena y aunque él perdón
nunca le pedía, ella perdonaba
¡Porque lo quería!

Si él no la quería ¿Por qué la celaba?
¿Por qué imaginaba que con otro andaba?
¿Es que estaba loco? ¿O quizás amaba amarla?
Oh, no. Nada de eso. Eso no era cierto
¿Cómo iba a quererla?
Si lo que él quería era verla muerta

Y una noche vino lleno de reclamos
y apretó su cuello y con su arrebato
fue apretando tanto, se dio cuenta
que en sus crueles manos se estaba quedando
el último suspiro de aquella mujer que lo amaba tanto.
¡Y tembló de espanto!

Cómo era posible haber deshojado
la rosa más bella ¡Si la amaba tanto!
Si era dulce y buena y ahora estaba muerta
y él la había matado.

Ella era muy buena pero ya no estaba
Y ahora finalmente, ahora la amaba.
Ella se había ido, no estaba a su lado
¡Ella estaba muerta! ¡Él la había matado!

ATRAPADA EN TUS MENTIRAS

Aquí estoy, como una loba herida
sin poder huir, sin tener salida
sumergida en el infierno
atrapada en tus mentiras.

Si al menos pudiera irme, lejos de ti y no verte,
quedarían esparcidas tus mentiras en mi mente
y ya no me dolerían porque te iría arrancando
de mi vida lentamente.

Perversidad del destino colocarte en mi camino
para que despedazaras con mentiras mi cariño.
Como una masa de carne que no tiene voluntad
me arrojé a los brazos hirientes de tu engaño y tu maldad.

Este deseo de escapar que me asalta todo el tiempo
esta angustia que no pasa me conduce al tormento
provocándome llorar, manteniendo rendida
Sin poder lograr huir de tus malditas mentiras.

Sigue en tu desenfreno viviendo la vida loca,
ojalá que Dios no quiera que te abandone la suerte
y termines en la fosa.

Quiero salir de tu vida y dignamente lo haré
no quiero ser más la sufrida
y seguir amordazada,
Atrapada en tus mentiras.

¡CON TODA MI ALMA!

¿Qué si lo quería? ¡Cómo lo adoraba!
pero él fue borrando con su enojo
la tibieza de mi cara y el destello de mis ojos.

Desde que lo conocí, de su amor quedé prendada
Su voz, sus caricias y sus besos
que luego fueron puñales atravesando mi cuerpo.

Era tan grande, fue tan inmenso ese amor
que hasta el cielo lo envidiaba
y las estrellas cuajadas de pasión se estremecían
por ese enfermizo amor que de mi ser emergía.

No sé cuándo él cambió,
o si fue que me di cuenta del error que cometía
amar con tanta vehemencia a quien no lo merecía.

¿Qué si lo quería? ¡Cómo lo adoraba!
pero ese estúpido inconsciente
fue acabando con mi amor de una manera indolente.

Lo quise, sí, y ¡cuánto!
El mundo entero lo sabía y solo por ese amor podía
soportar toda la ofensa que de su boca salía,
soportar su humillación además de sus mentiras,
fue sumergiendo mi alma en un profundo rencor
y llenándola de ira.

¿Qué si lo quería? ¡Cuánto lo adoraba!
Y mientras más me engañaba, mucho más lo perdonaba
y mientras más me ofendía, más amor por él sentía.

¿Qué si me quería? ¿Qué si me adoraba?
Pasarán mil años y jamás olvidaría su maldita hipocresía.
Pero todo es hasta un día.

Y aún conservo en mi memoria aquella madrugada fría
cuando volvió de regreso oliendo a licor y sexo
y sentí miles punzadas que me oprimieron el pecho.

Pero aquella madrugada la suerte ya estaba echada
y a pesar de aquel amor que por él había sentido
se hizo mi rabia un quejido y le saqué el corazón
Y me lo metí en la boca y lo devoré con saña,
con ardor, como una loca.

¿Qué si lo quería? ¡Señores, con toda mi alma!
Y por esa misma alma llena de dolor por su cobardía
Si vuelve de nuevo y nace, otra vez lo mataría.

PARAÍSO ROTO

Hay un dolor una sombra y un recuerdo
hay una soledad que quiebra el espacio
y una pena que lacera el alma muy despacio.
Hay una penumbra que oscurece la razón
y una angustia que gime, como maldiciendo el sol
en una escena macabra donde han matado el amor.

No hay luz, no hay puertas, no hay caminos que conduzcan al olvi-
do
solo hay recuerdos que golpean los sentidos
y que obligan a llorar en un rincón del silencio.

Hay algo despedazado, es un paraíso que ha quedado destrozado
fue refugio de un corazón mal herido
y le dio tranquilidad y también felicidad,
la misma que hoy ha perdido.

Ya no hay cielo, ya no hay vida,
solo existen hojas muertas que se han quedado perdidas
entre suspiro y nostalgia y unas lagrimas dormidas.

Tu amor fue una realidad que se evaporó en el viento
y mi desesperación me hizo crear la ilusión de que aun era feliz
pero se detuvo el tiempo y de repente como un soplo
tú me habías arrebatado mi paraíso roto.

"Mostrar cómo se ve el mundo desde el particular ángulo de las mujeres"

Dulce María González

YO

Un buen día me paré frente a la vida y me vi a mi misma tal cual era
desaliñada, miedosa, refugiada en la espantosa fantasía de existir
confundida entre la angustia y mi modo de vivir.

Formando parte de la inmundicia
que representa el conglomerado humano
voy jactándome de ser el número tal de la lista de gusanos
agarrados de las manos perseverancia inútil de llegar a ser perfecta
endemoniada ilusa, caminando de cabeza
degenerada incongruente, rebosada de ignorancia,
voy pisoteando al mendigo sin piedad…. sin importancia
torpe, terca y mentirosa atrapada sin salida
en un inconformismo inmenso que está acabándome la vida.

¡Miserable indiferente! Le oí gritar a un insecto
¿Cuál es tu orgullo? ¿Por qué te sientes grandiosa
igualada con la gente? si estás en la misma fosa
que estoy yo, necia indecente.

Descomunada, maniática pervertida
vas recorriendo la vida sintiéndote omnipotente
porque caminas parada esto dijo la serpiente.

Por lo ignorante que soy hoy no puedo darme cuenta
que mis aires de grandeza me mantiene sumergida
en el abismo absoluto de sentirme superior
sin saber a dónde voy ni el propósito de estar
formo parte de un problema que no tiene solución
sin darme cuenta que la peste me acompaña a donde quiera
y soy igual a las ratas que corren despavoridas
a buscar una guarida para no ser pisoteadas.

Y a pesar de los pesares soy como el mismo gusano
solo con la diferencia de creerme un ser humano.

SOY

Soy algo así como la sombra sin prisa, sin llanto, vacía.
No tengo ganas de llorar y estoy llorando
mi corazón está helado siento un frio inmenso
en los dedos de las manos.

Soy como una gaviota perdida sin alas, sin bahía
sin rumbo, ni horizonte.

Soy la lluvia que cae sin importancia
el niño que llora sin motivo, soy la rosa marchita,
el pajarillo herido, la luz que se pierde en el ocaso de la vida
soy…sencillamente.

LA MUERTE

¿Qué es la muerte? Preguntas tú
¿Qué es la muerte? Pregunto yo
y alguien privando en chistoso
nos responde muy jocoso
es una calavera que se nos para a la vera
y nos recita un piropo.

Hay aquél que la define igual que un escalofrío,
es pasar de un plano a otro
como quedarse dormido
como interrumpir un sueño
y dejarlo en el olvido.

Es apagarse una luz y encontrarnos confundidos
creer que estamos aquí sin saber que ya nos fuimos.

Abrir puertas y otras puertas
y llevarnos la impresión
que estamos en el mismo sitio
sin entender la razón.

Se oye a alguien decir la muerte es solo un estado
que debemos de pasar para poder
comprobar que nos pasó algo muy raro.

Morir es como conversar sin que nadie nos escuche,
es preguntarse intrigado porque esa sensación
de encontrarnos en otro lado.
Y aparece la tristeza al comprobar
la verdad, al llevarnos la certeza
de que nos llegó la hora y esa es la realidad.

La muerte dice el poeta, en términos filosóficos
es el camino que va donde de veras hay paz,
es una puerta muy ancha por donde pasas descalzo
y al otro lado veras, que todo lo que has
dejado atrás, todo aquello era falso.

Tanto temor a la muerte sin ponernos a pensar,
que morir es el destino de todos los que nacemos,
y hay que salir de la vida y por la muerte hay que hacerlo.

GENTE

Estoy aquí, pensando en el complicado funcionamiento del cerebro humano.   Nada absurdo y descabellado me sorprende de la gente, conozco su esencia.

Cargando con su miseria, van recorriendo el inmenso laberinto que les ha tocado vivir. Mil rostros, todos con la misma expresión de indiferencia e hipocresía.

Insensibilidad absoluta acompañada de un egoísmo inmenso, que va haciéndoles insoportable la vida, una vida plagada de incomprensión, fruto del inconformismo y de la aberración.

Son como luciérnagas despavoridas queriendo huir de la espantosa inmundicia que representa su existencia, ellos son millones, cegados por la inconsciencia de creer ser el yo supremo porque existen en la tierra.

Caminan como sonámbulos. Son robots amaestrados que siguen la misma pauta luchando por el poder de tener la primicia. Son como ratas vanagloriándose de su propia ruina.

Torpes, tercos e inconscientes dejándose arrastrar por sus debilidades creyendo ser los héroes de su estúpida mentira.

Caminan agazapados y ni siquiera se dan cuenta que no pueden con el peso de su inventada creencia.

Son parte de un problema sin resolver, partículas de átomo contaminadas, pequeñísimas fracciones de desperdicios inimaginables. Son como piezas inacomodables en el intercalado espacio del universo.

Me coloqué en una esquina de la vida y desde allí pude ver la podredumbre y la escoria humana que transitaba por la vía de la ignorancia como monigotes de un cuento, caminaban haciendo alarde de su inconsciente infortunio.

Marionetas necias, estúpidos inconsecuentes, creyéndose dioses por ocupar un mísero espacio de esta jungla a la cual llamamos Tierra. Hacedores de nada, sintiéndose poderosos porque se multiplican, porque en su locura vana se han llegado a confundir con la creencia absurda que vienen de ellos mismos.

¡Ilusos descabellados! Ni siquiera tienen conciencia de donde vienen ni hacia donde van. Infelices descomunados, ¡Si tan solo pudieran saber que hacen aquí en el ínfimo espacio que se les ha otorgado! ¿Cuál es el propósito de estar? ¿Cuál es el orgullo de existir y creerse mejores que las plantas y los insectos?

A ustedes, maniáticos vanidosos, que no llegan a ser ni una partícula del firmamento, además de ser ciegos e inmundo, dense cuenta de sus pequeñeces y de su terrible miseria, miserables de alma. Inbenevolentes con los demás, miren su propia ruina, caminan con la peste y son parte de ella, están sumergidos en el peor de los abismos; el abismo de creerse omnipotentes.

¡Despierten engreídos pusilánimes! no se vayan pisoteando unos a otros, denle valor al gusano, él no es peor que ustedes, ocupa la misma pocilga sin el complejo de humano!

MIENTRAS YO ESTÉ VIVA

Mientras yo esté viva voy surcando montes
calaré montañas buscaré paz a donde la halla
mientras yo esté viva.

Mientras yo esté viva no habrá ya un camino
que yo no camine ni habrán más preguntas
que yo no conteste y ya no habrá metas
que yo no persiga mientras yo esté viva.

Mientras yo respire besaré una rosa
y pondré en mi boca palabras de aliento
para hablarle al sordo y tocar al ciego.

Secaré las lágrimas de un niño que llora
y aquel que mendiga le daré comida
mientras yo esté viva.

Seré soluciones de grandes problemas
de puertas cerradas seré la salida
mientras yo esté viva.

Viviré cantando y a Dios dando gracias
por ser la alegría de aquel que se aflija
y daré un consejo a quien me lo pida
mientras yo esté viva.

También seré el agua de muchos desiertos,
seré madrugadas de noches de invierno
llenas de calor y llenas de vida,
mientras yo esté viva.

Mientras yo esté viva seré melodía de alguna canción
que no se haya oído, tocaré instrumentos,
haré una oración que la dicha pida.
Mientras yo esté viva

estaré gritando de agradecimiento
por no faltarme brazos, ni piernas
tener un cerebro que palpe, entienda,
también por dos ojos que pueden mirar
todas las mañanas en un despertar
también tengo el premio de bien elegir,
cuál de los caminos quisiera seguir.

Mientras yo esté viva voy regando abrazos
colectando amigos que vengan conmigo a seguir mis pasos
y a mis enemigos les pido perdón
por mi intolerancia y mi incomprensión.

Mientras yo esté viva
quiero ser la mejor madre y una buena hija
también una esposa abnegada y fiel y una gran amiga
pero sobre todo quisiera yo ser ese ser humano al que Dios elija
mientras yo esté viva.